जिनके लिए जग छोड़ा

Jinkyee Liye
Jag Chhoda

Ghazals by
AJAY BAWA

BlueRose ONE.com
Stories Matter
NewDelhi • London

BLUEROSE PUBLISHERS
India | U.K.

Copyright © Ajay Bawa 2023

All rights reserved by author. No part of this publication may be reproduced, stored in a retrieval system or transmitted in any form or by any means, electronic, mechanical, photocopying, recording or otherwise, without the prior permission of the author. Although every precaution has been taken to verify the accuracy of the information contained herein, the publisher assumes no responsibility for any errors or omissions. No liability is assumed for damages that may result from the use of information contained within.

BlueRose Publishers takes no responsibility for any damages, losses, or liabilities that may arise from the use or misuse of the information, products, or services provided in this publication.

BlueRose ONE
Stories Matter
NewDelhi • London

For permissions requests or inquiries regarding this publication,
please contact:

BLUEROSE PUBLISHERS
www.BlueRoseONE.com
info@bluerosepublishers.com
+91 8882 898 898
+4407342408967

ISBN: 978-93-5819-361-9

Cover design: Aveek
Typesetting: Rohit

First Edition: September 2023

About The Author

I wrote my first poem, 'Sima toot chuki hai, which was left unfinished. Years later, I found it. Reading it and reflecting on it, I felt the urge to write again.

A touching event in my life sparked the notion to write again, which I did spontaneously. This was well received by my friends. That was my first gazhal.

After finishing my law degree in 1975, I moved to London two years later.

I really missed my old life. Remembering those touching moments, I started writing again. Another hobby of mine is taking beautiful pictures. Some of these pictures were reproduced by me and are in the book. I have also reproduced pictures taken by friends and family and included them in my book.

Jinkayee Liyee... is my first book. I truly hope you like it and give me further encouragement to write.

अनुक्रमणिका

आज आएंगे वो	1
Aaj ayenge woh.	3
आज क्यूँ होश	5
Aaj kiyon hosh	7
आँखों में आँखें	8
...ankho mien ankhein	11
आपकी रूसवाईयाँ	13
Apki ruswaiyan	15
आए हैं बालम	17
.. Aye hien balam	19
बुझ गए चिराग़	21
Bhuj gaye..	23
देखूँ तेरी तस्वीर खुदा	27
Dekhun teri tasweer	31
हम तो शिकवे	35
Hum toa shikwe.	37
जिनके लिए... गीत	39
Jinkayee liye..	41
मैं यहाँ तू	45
Mien yahan tu..	47
तस्वीर से बातें	49
Tasweer se batien.	51
उसको देखा मेरा दिल	53
Usko dekha mera dil	55
चलती राहों में.....	59

..chalti rahon mien..	61
छीन ली हर खुशी	63
Chhin li her khushi,	65
चुपके से आजा	67
Chupke se aaja.	71
दिल के अरमा अभी	75
Dil ke arman abhi.	77
दिलबर का आयने में	79
Dilber ka aiyne mien	81
Duet.. दिल ने जो कहा	83
Duet..dil ne jo kaha	85
Duet.. हमका लुभाए के	87
Duet. Humka lubhaikee	89
Duet.. ज़ुल्फ़ें संवारे	91
Duet..zulfien sawanre.	93
Duet.. करीब बैठो	95
Duet..kareeb baitho	97
Duet.. अँखिया मिलाए क्यों	99
Duet..Akhiyan milaye kiyon.	101
सजती है क्यों	105
Duet..Sajti Hie Kiyon.	107
Duet.. मीठी तेरी	109
Duet.meethi teri.	111
Duet.. तू बहाना	113
Duet...tu bahana .	115
You are so ..	117
ग़मों की दास्तान	119

Gumon ki dastan	121
है नज़र उन पे	123
Hie nazar unpe	125
हमें पीने दो	127
..humien peene do	129
हमसे मुँह फेर	131
Humse moonh pher	133
जलवा दिखाइये हाय	135
Jalwa dikhaye hi.	137
मिलें मुद्दत से	139
Mile muddat se.	141
फिर हुई शाम	143
Phir hui sham	145
जान मेरी ख़फा	147
Jan meri khafa	149
जाओ जो तुम	151
Jao jo tum.	153
जी चाहता है	155
Ji chata hie,..	157
कहाँ गये हो	159
Kahan gaye ho..	161
खुशी Share करो	163
Khushi share karo.	165
क्यों दूर छुपकर	167
Kiyon door chhupkar..	169
कोई और ग़ज़ल	171
Koi aur gazal	173

महफिल में आज	175
..mehfil mie aaj..	177
सज़ाएं आपकी	179
Sajayen aapki..	181
तेरी याद ने	183
Teri yaad ne	187
तू वो चाहत है	189
..tu woh chahat he..	191
उनको खुश देखकर	193
Unko khush dekhkar	195
वक़्त चलता रहा	197
..waqt chalta reha	199
याद तेरी क्यों	201
Yaad teri kiyon.	203
ज़िन्दगी यूँ ही	205
Zindagi yuhin.	207
अब ना आएंगे वो	209
Aab na ayenge woh.	211

आज आएंगे वो

आज आएंगे वो, दिल में ख़्याल है,
हलचल सी मच गई है, दिले बेक़रार में।

ख़्वाबों में आज आए थे, वादा वो कर गए,
मिलते रहेंगे ऐसे ही, दावा वो कर गए,
जागा हूँ इंतज़ार में, नींदें गवाह है।

वो सामने बैठे हैं, दिल को मेरे सुकून,
कुछ और अब ना चाहिए, बस तेरी जुस्तुजू,
अब जाम का वजूद क्या, उन्हें पी रहा हूँ मैं।

नज़रें जो उनसे मिल गईं, दिल बाग़ो बाग़ हुआ,
और कितनी कलियाँ खिल गईं, हमें वास्ता ही क्या,
एक फूल ही बहुत है, मेरे बागीचे में।

पूनम के चाँद हैं वो, सितारों के बीच में,
रोशन मेरा जहाँ है, अँधेरे के बीच में
चंदा की चाँदनी में अब नहा रहा हूँ मैं।

अजय बावा

*AaJ ayenge woh. Lonely bird waiting for.. River Nile, Egypt.
Pic. by Ajay Bawa.*

Aaj ayenge woh.

aaj ayenge woh ,dil mie khayal hie,
halchal si mach gayi he,
dile , bekrare mien.

khawabon mien aaj aye the ,
wada woh kar gaye,
milte rehenge aise hi ,
dawa woh kar gaye,
jaga hun intezar mien,
neenden gawah hien.

woh samne bethe hien,
dil ko mere sakoon,
kutch aur aab na chahiye,
bas teri justzoo,
aab jam ka wazood kiya
unhe pee raha hun mie .

Nazaren jo unse mil gayin,
dil, bagobag hua,
Aur kitni kaliyan khil gayin,
humen wasta hie kiya,
eak phool hi bahoot he ,
mere bageeche mien

Poonam ke chand hien woh
sitaron ke beech mie,
roshan mera jahan hie,
andheron ke beech mien
chanda ki chandni mie abb
naha reha hoon mie.

ajay bawa

आज क्यूँ होश

आज क्यूँ होश में आने की बातें करते हैं,
अभी तो आए हैं जाने की बात करते हैं।

गर्म सांसों ने तेरी आग ये भड़काई है,
इस आग में जल जाओ, हमें कहते हैं।

सुर्ख होंठो से भला जाम पिला दो हमको,
पियो जी भर के सुबह शाम हमको कहते हैं।

खुले गेसू हैं, डर है, ना उलझ जाएं कहीं,
इन उलझनों में है मज़ा, आओ उलझते हैं।

अच्छा अब हम चलें, बेहोश ना हो जाएं कहीं,
ज़रा रुक जाईये फिर से हिसाब करते हैं।

कहीं हम ना कूद जाएं इश्क-ए-दरिया में,
इस भँवर का, किनारा नहीं, वो कहते हैं।

अजय बावा

Aaj kiyon hosh

Aaj kiyon hosh mien aane ki baat karte hien,
abhi toa aye hien Jane ki bat
karte hien.

Garm sanson ne teri aag ye bhadkai hie,
is aag mien jal jao ,humie kahte hien.

Surkh hothon se bhala jam
pila do humko.
piyo ji bharke subah sham

humko kehte hien.

Khule gasu hien ,dar hie ,
na ulajh jayen kahin,
in uljhno mie hie maza,
aao ulajhte hie.

Achha ab hum chalen,
behosh na ho jayen kahin,
zara rook jayiye phir se
hisab karte hien.

Kahin hum na kood jyen
ishqe dariya mien,
is bhanvar ka, kinara nahin woh kehte hien.

ajay bawa

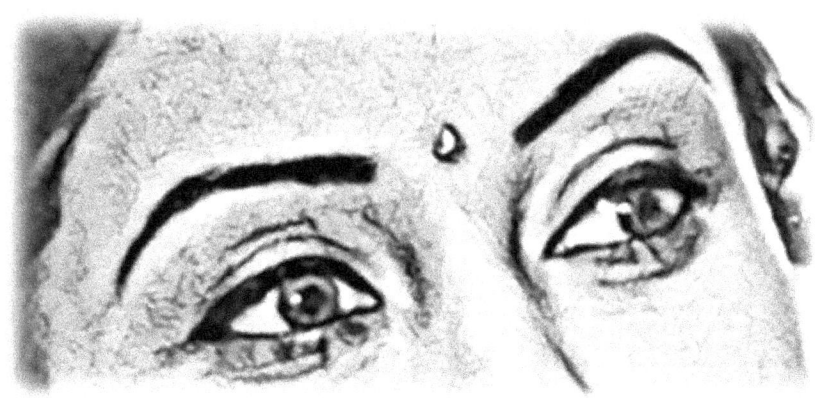

आँखों में आँखें

आँखों में आँखें डालकर तुम देख लो,
तुम देख लो
हम चुप रहें, कुछ ना कहें,
तेरे इश्क़ में खोए रहें,
दिल में हमारे राज़ बनकर देख लो।

मेरी बातों में होता है, बस तेरा ज़िक्र,
तेरी शायरी करता रहा, मैं उम्र भर,
सुर में हमारे साज़ बनकर देख लो।

तेरे हुस्न ने ढाई क़यामत क्या यहाँ,
दिल ये गया, दिल वो गया,
दिल खो गया,
दिल में हमारे आग बनकर देख लो।

तुझे छूने की ख़्वाहिश, ये मुद्दत से मेरी,
ना शरमा इस क़द्र लग जा गले जानम मेरी,
बाहों में बाहें डालकर तुम देख लो।

हम ढूँढते हैं तुझको, इस तक़दीर में,
ज़रा मुस्कुरा कर देख लो, तस्वीर से,
क़िस्मत हमारी आज़मा कर देख लो।

अजय बावा

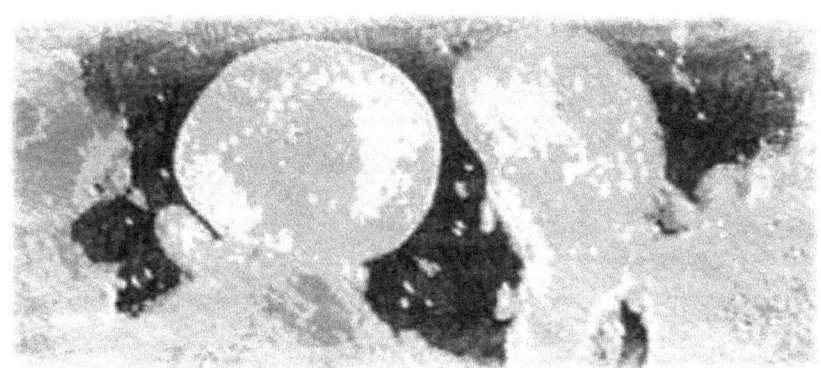

Pic. by Ajay Bawa.

...ankho mien ankhein.....

Aankhon mien aankhen dalkar tum dekhlo-2 ,
Hum chup rahen ,
kutch na kahen,
tere ishaq mien khoye rahen ,
dil mien humare raz bankar
dekhlo.

Meri baton mie hota hie ,
bas tera zikar,
Intezar teri shayri karta reha ,
mien umar bhar ,
sur mien humare saz ban kar dekh lo.

Tere husn ne dhayi
kayamat kiya , yenha,
dil ye gaya ,dil woh gaya
dil kho gaya
dil mien humare aag bankar dekhlo.

Tujhe choone ki khawahish
ye muddat se meri,
na sharma is kadar lagja
gale janam meri ,
bahon mie bahien dalkar tum dekhlo.

Hum dhundhte hien tujhko,
is taqdeer mien,
zara musukar kar dekhlo ,
tasweer se,
kismet humari azma kar dekhlo.

ajay bawa

आपकी रूसवाईयाँ

आपकी रूसवाईयाँ, शाम की तन्हाईयाँ,
जीना चाहें हम मगर, ये हमें जीने ना दे।

आप ये, जाने लगे, हैं कहाँ,
रूक भी जाओं थम गया है ये समाँ,
दिल्लगी ये छोड़ दो
अब सनम कुछ बोल दो, आपकी परछाईयाँ,
आपकी, जुदाईयाँ,
जीना चाहें...........

ये सुहानी रात क्या कहने लगी,
अब चमन में कलियाँ भी खिलने लगीं,
जुल्फों को खुल जाने दो, ये महक उड़ जाने दो,
दहकती चिंगारियाँ, आपकी अंगड़ाईयाँ,
जीना चाहें.........

अजय बावा

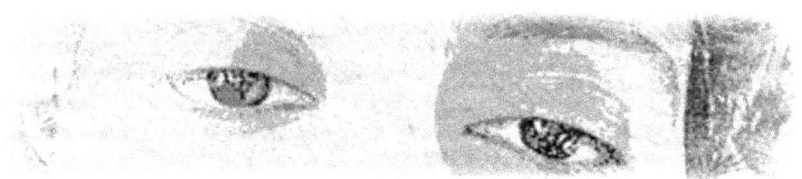

Apki ruswaiyan...

Apki ruswaiyan
Sham ki tanhaiyan ,
Jina chahen hum magar,
ye humine jine na dien.

Aap ye Jane lage, hien kahan ,
rook bhi jao tham gaya hie ye saman ,
Dillagi ye chhod do,
aab sanam kutch bol do
aapki , parchhaiyan,
Aapki , judaiyan ,
Jina chahen.....

Yeh suhani raat kiya kehne lagi,
aab chaman mien kaliyan bhi khilnen lagin
julphon ko khul Jane do,
ye mahak udjane do ,
dehakati chingariya,
aapki angdaiyan.

Jina chahe...

Ajay bawa.

आए हैं बालम

Based on…Bollywood song…
Ka Karoon sajni…..

कैसे मनाऊँ मैं दीवाली, आए हैं बालम,
आए हैं बालम,
का करूँ, का करूँ आए हैं बालम

1.
दूर से भेजे हैं संदेशा, मन मेरा भर आए,
जब वो मेरे सामने हों तो, काहे ये घबराए,
खुशियाँ चहके मन बगिया में, समे न समाए,
समे न समाए,
बरसे हैं हौले-हौले, कारी बदरिया……
आए हैं बालम।

2.
धीमे-धीमे झोंके हवा के, प्रेम राग बिखराएँ,
बोले कोयल कू हू-कू हू, छंद मिलन के गाए,
गूँज रही है पायल छम-छम, रोके ना रूकाए,
रोके न रूकाए,
नाच रही है मन में, प्रेम भवंरिया,
आए हैं बालम,
का करूँ, का करूँ,
आए हैं बालम।

अजय बावा

*Aye hien balam..Fountain, Barcelona.
Pic.by Ajay bawa.*

.. Aye hien balam..

Based on.. Bollywood song..
Ka karoon sajani.

Kaise manun mien diwali,
aye hien balam. aye hien balam.
Ka karoon, ka karoon
aye hien balam बालम,
....
Door se bheje hien hie sandesa,
man mera bhar aye.
Jab woh mere samne ho toa

kahe ye ghabraye.
Khushiya chhalke man bagiyan mien ,
same na samaye,
same na samaye.
Barse hie hole hole,
kari badriya,...aye hien balam
....
Dhimie dhimie jhonke hawa ke,
prem raag bikhrayen.
Bole koyal khohoo khohoo,
chhand milan ke gaye.
Goonj rahi he payal cham cham,
roke na rookaye,

roke na rookaye,
Natch rahi hie man mein ,
prem bhanwaria,

Aye hien hie balam बालम
Ka karoon,ka karoon,
aye hien balam.

ajay bawa

बुझ गए चिराग़

Based on a non-filmi ghazal,
कैसे कटेगी ज़िन्दगी...
Sang By Mohd. Rafi

बुझ गए चिराग़ ये तेरे बग़ैर,
तेरे बग़ैर,
महफिलें वीरान हैं, तेरे बग़ैर,
तेरे बग़ैर

1--
छोड़कर हमें यहाँ जाने कहाँ चले गये,
कहाँ हो तुम, कहाँ गये,
बिना अता-पता दिये,
किस गली में हम रहें,
तेरे बग़ैर, तेरे बग़ैर।
महफिल वीरान है,
तेरे बग़ैर, तेरे बग़ैर।

2--
दूर जा रहे हो तुम, कितने दूर जाओगे,
नसीब था मिले थे हम,
फिर भी कहीं मिल जाओगे,
सूनी है बिरहा की घड़ी,
तेरे बग़ैर, तेरे बग़ैर।
है कफन वीरान ये,
तेरे बग़ैर, तेरे बग़ैर
महफिलें वीरान हैं,
तेरे बग़ैर, तेरे बग़ैर।

अजय बावा

Bujh gaye charag.
Pic by Ajay Bawa

Bhuj gaye..

Based on a non filmi
gazhal ,
Kaise kategi zindagi..
sang by M.Raffi.

Bhuj gaye charag ye
tere bagair,
tere bagair-2
Mehfilien viran hien ,
tere bagair, tere bagair.

bhuj gaye charag ye
tere bagair ,tere bagair.

1..
chhodkar humien yahan
Jane kahan chale gaye
jane kahan chale gaye
Kahan ho tum,
kahan gaye,
bina aata , pata diye,

kis gali mien hum rehen,
tere bagair tere bagair

mehfilen viran hien,
tere baigair ,tere bagair

2..
Door ja rehe hoe tum,

kitne door jaoge-2

naseeb tha mile the hum,
phir bhi kahi, mil jaoge

sooni hie, birha ki ghari ,
tere bagair, tere bagair.

He Hie kafan viran ye ,
tere bagair ,tere bagair

Mehfilen viran hien ,
tere bagair, tere bagair.

ajay bawa

देखूँ तेरी तस्वीर खुदा

तुमसे कहूँ एक बात,
फिल्म....दस्तक

देखूँ तेरी तस्वीर खुदा में,
हूँ हूँ, हूँ हूँ,
कुछ ना माँगू और खुदा से,
हूँ हूँ, हूँ हूँ
देखूँ तेरी तस्वीर खुदा में,
हूँ हूँ, हूँ हूँ, हूँ हूँ, हूँ हूँ

1-
इन होंठों ने प्यास बढ़ा दी,
मैं प्यासा था,
हूँ हूँ, हूँ हूँ
इन आँखों में खुद को ढूँढू,
मैं खोया था,
हूँ हूँ, हूँ हूँ
बिखरी जुल्फों में खो जाऊँ,
चुपके-चुपके, इ...इ..इ
देखूँ तेरी तस्वीर खुदा में,

2-
मैं गाऊँ तुम साथ चलो,
बिखरी राहों में,
हूँ हूँ, हूँ हूँ
मेरे गीतों में खो जाओ, कोई ना जाने,
हूँ हूँ, हूँ हूँ
जिनकी बातों से रस बिखरे होले-होले,
इ..इ

देखूँ तेरी तस्वीर खुदा में,
हूँ हूँ, हूँ हूँ

3-
दो लम्हें तेरे साथ जो गुज़रे,
साथ रहेंगे,
है हे, है हे,
दूर हो चाहे, ना भूलें वोह,
याद रहेंगे हूँ हूँ,
तू मेरी आवाज़ को सुन के,
कुछ तो कह दे....इ इ इ

देखूँ तेरी तस्वीर खुदा में,
हूँ हूँ, हूँ हूँ
कुछ ना माँगू और खुदा से,
देखूँ तेरी तस्वीर खुदा में।

अजय बावा

Dekhun teri tasweer.

Tumse kahoon eak baat
film..Dastak..

DEKHUN teri tasweer khuda mien.
hunhu, hu,hu, hun.
Kutch na mangoon aur khuda se.
hunhu hunhu
Dekhun teri tasweer khuda mien.
hunhu hunhu, hunhu, hunhu,
hunhu.

1...
In hothon ne pyass badha di,
mien pyassa tha,
mien pyassa tha
hunhu ,hunhu.
In ankhon mien khud ko dhundu,
mien khoya tha.
hunhu ,hunhu.
Bikhri julphon mie kho jaun chupke ,chhupke, eee.

Dekhun teri tasweer khuda mien.
hunhu, hunhu, hunhu, hunhu,
hunhu

2..
Mien gaun, tum sath chalo,
behki rahon mien
hunhu, hunhu.
Mere geeton mien kho jao
koi na Jane,
hunhu hunhu

Jinki baton se ras bikhre hole hole e e e e e

Dekhun teri tasweer khuda mien...
hunhu , hunhu , hunhu, hunhu,
hunhu.

3rd verse should start from
beginning on the 2nd page

3..
Do lamhe tere sath jo gujre
sath rehenge
sath rehenge
heyhe, heyhe.
Door ho chahe, na bhulen
woh, yaad rehenge
hun ,hun .
Tu meri awaj ko sunken,
kutch to keh de.e e e e.

Dekhun teri tasweer khuda mien,

hunhu ,hunhu.
Kutch na mangoon aur khuda se.
hun hun hu
Dekhun teri tasweer khuda me

ajay bawa

हम तो शिकवे

Based on.. खुश रहो हर खुशी है।

हम तो शिकवे शिकायत करेंगे नहीं
नाम तेरा, जुबाँ पे ना लेंगे कभी
हम तो शिकवे शिकायत...

१. लोग कहते हैं हमको, दिवाना हुआ,
ना कोई और जग में हमारा हुआ,
हम तो हँसते रहे, दर्द दिल में लिए
आँसू को छिपाया है, पलको तले।
हम तो शिकवे शिकायत...

२. याद है तुम चले संग मेरे कभी,
मेरे ग़म में भी शामिल हुए थे कभी,
प्यार से तूने देखा, ना भूला हूँ मैं,
तुम हो माना, हसीन हम बुरे भी नहीं।,
हम तो शिकवे शिकायत...
हम तो शिकवे शिकायत...

३. कह दिया उसने रोको, जुबान को तुम,
हो गये चुप, ना अब कुछ कहेंगे हम,
आखिरी बात भी तुमको कह ना सके,
ज़िन्दगी रूक गई और जुबान थम गई,
हम तो शिकवा शिकायत करेंगे नहीं,
नाम तेरा जुबान पे ना लेंगे कभी,
ना लेंगे कभी।

अजय बावा

*Lamp on riverbank Nile. Egypt.
Pic by Ajay Bawa*

Hum toa shikwe.

based on . khush raho her khushi hie..

HUM Toa shikwe, shikayat karenge nahin-2
karenge nahi

nam tera, juban pe na lenge kabhi
hum toa shikawe shikayat..

1-Log kahte hien humko,
deewana hua,

na koi aur jag mien humara hua,
hum toa hunste rehe,dard dil mie liye
ansooon ko chipaya
hie ,palkon tale.

humn toa shikwe shikayat..

2-yaad hien tum Chale sang mere kabhi,
mere gum mien bhi shamil hue the kabhi.
pyar se tune dekha
na bhula hun mien
tum ho mana hansin hum,

bure bhi nahi
hum toa shikwe shikayat -2

3-Kah diya usne roko, juban ko tum
ho gaye chup na , ab kutch kahenge hum,
akhiri baat bhi tumko keh na sake
zindagi rook gayi aur , zuban
tham gayi.
Hum toa shikwe shikayat karenge nahi
naam tera zuban pe na lenge kabhi.

ajay bawa.

जिनके लिए... गीत

Bollywood song.
ॐ नमः शिवाय... एफ. भैरवी.

जिनके लिये, जिनके लिए
जग छोड़ा, छोड़ी नगरिया,

१. तेरा मुस्कुराना, तेरा चहचहाना,
नदी पार सुनता है, तेरा गुनगुनाना,
मन मेरा झूमा, झूम ले ज़माना,
जिनके लिए....

२. इन सपनों को, संजोया है मैंने,
इन यादों को संवारा है मैंने,
इस दिल की बगिया में तुमको सजाया
तुमको सजाया....आ आ..आ
जिनके लिए....

३. प्रीत की रेखाएँ, मिटे ना मिटाए,
जन्मों का लेखा, बने ना बनाए,
तेरी डोर थामे, हम चले आए,
हम चले आए,
जिनके लिए....

४. प्यार के इस बंधन को, मैंने ना बनाया,
कौन-कौन गलियों में, हमको मिलाया,
भूले से आए थे तुम, भूले से मैं आया,
मैं आया.....आ...आ..आ

जिनके लिए, जिनके लिए...
जग छोड़ा, छोड़ी नगरिया।

                                     अजय बावा

*Evening on the river Nile, Egypt.
Pic by Ajay Bawa.*

Jinkayee liye..

Bollywood song.
Ohm namah Shivay..F.Bhairavi.

Jinkae liyeeeeeee-2
jag chhoda chhodi nagaria.

1-Tera muskurana,
tera chahchahna,
nadi par sunta he,
tera gungunana,
man mera jhuma
jhumie zamana,
jhume zamana,
jinke liyee......

2-In sapno ko ,
sanjoya hie mene,
in yadon ko ,
sanwara hie mene,
is dil ki bagia mie,
tumko sajaya ,
tumko sajaya...aa aa aa
jinkayee liyee ..

3-Preet ki rekhayen ,
mite na mitaye,
janmon ka lekha,
bane na banaye,
teri dor thame,
hum chale ayae,

hum chale aye.
jinke liye......

4-Pyar ke is bandhan ko,
maine na banaya,
kaun kaun galiyaon mien,
humko milaya,
bhule se aye the tum,
bhule se mien aya,
mie aya..aa aa aa aa

jinkeyee liye. jinke liyeee
jag chhoda chhodi nagaria.

ajay bawa

मैं यहाँ तू

रुत जवाँ-जवाँ...फिल्म आखिरी ख़त

मैं यहाँ तू वहाँ, रास्तें हैं जुदा,
कैसे कहूँ दिल की दास्ताँ,
मैं यहाँ तू वहाँ।

दिल के तार छेड़े जाते हो,
क्यों अकेले छोड़ जाते हो,
दिल करे हवा में उड़ने को,
हाय, टूटे दिल को तोड़े जाते हो,
मैं यहाँ तू वहाँ....।

हमको तुम जगा के चले दिये,
नींदे छीन ली, ना सो सके,
तोड़ डाले ख़्वाब सब मेरे,
तन्हा हमको छोड़ चल दिये,
मैं यहाँ तू वहाँ....।

प्यार सोच के ना था किया,
हो गया बस ये हो गया,
और तुमसे, कुछ माँगा ना है,
क्यूँ हमसे दूर-दूर जाते हो,
मैं यहाँ तू वहाँ...।
रास्ते हैं जुदा, कैसे कहें दिल की दास्ताँ,
मैं यहाँ तू वहाँ...।

अजय बावा

Pic by Parbodh bawa

Mien yahan tu..

Rut jawan jawan..film akhiri khat.

Mien yahan tu wahan ,
raste hien juda,
kaise kahoon dil ki dastan.
Mien yahan tu wahan.

Dil ke tar chhade jate ho.
Kiyon akela chod jate ho,
Dil Kare hawa mien udne ko,hi,
tute dil ko tode jate ho.

Mien yahan tu wahan...

Humko tum jaga ke chal diye.
Neenden chhin lin na so sake.
Tod dale khawab sab mere,
tanha hum ko chhod chal diye,

Mien yahan tu wahan..

Pyar soch ke na tha kiya.
Ho gaya bas ye ho gaya.
Aur tumse,
kutch bhi manga na,haan
Kiyon humse door door jate ho.

Mien yahan tu wahan.
Raaste hien juda,
kaise kahen dil ki dastan.
Mien yahan tu wahan....

ajay bawa.

तस्वीर से बातें

Based on तेरे भीगे बदन की खुश्बु...
By: मेंहदी हसन।

तस्वीर से बातें, करते हैं,
क्यों लगे है तू बेगानी सी,
जज़्बात से मेरे मत खेलो,
बातें ना करो अंजानी से,
ओहो...ओहो...ओहो।

१. कभी आके तो पूछ ले हाल मेरा,
कभी आके तो पूछ ले हाल मेरा,
किस तरह से वक़्त गुज़रता है,
तेरी याद में नींद नहीं आती,
तेरी याद में नींद नहीं आती,
रातें हैं मेरी वीरानी सी,
ओहो...ओहो...ओहो,
तस्वीर से बातें करते हैं।

२. तेरी जुल्फों में गर हम बस जातें,
तेरी जुल्फों में गर हम बस जाते,
पलकों के तलें हम छुप जाते, छुप जाते,
इन मीठे लबों से कुछ कह दो, कुछ कह दो,
बन जाएगी मेरी कहानी भी
तस्वीर से बातें करते हैं, क्यों बनी है तू बेगानी सी,
जज़्बात से मेरे ना खेलो, बातें ना करो अंजानी सी,
बातें ना करो अंजानी सी।

अजय बावा

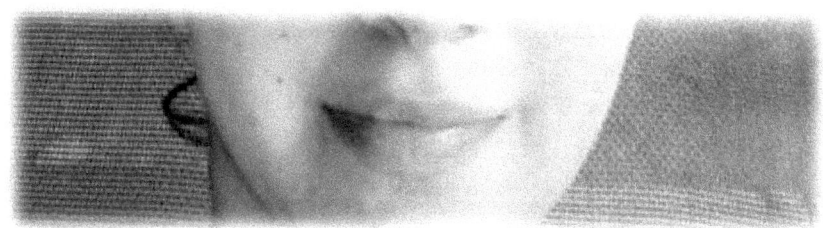

Tasweer se batien.

Based on Tere Bhige badan ki
khushbu...by Mehndi Hassan.

TASWEER se baten ,
karte hien,
kiyon lage hie tu begani si,
jazbat se mere mat khelo,
baten na karo anjani si.

ohoho ohho ohoho

1-
Kabhi aake toa pooch le haal mera..2
kis terha se vaqt guzarta hie,
guzzrata hie.
Teri yad mien neend nahin aati -2
raaten hien meri virani si.

ooh oohn-3

Tasweer se baten karte hien.

2-
TERI julfon mie gar hum bas jate,..2
palkon ke tale hum chup jate,

chup jate.
In meethe labon se kuch kahdo....2
ban jayegi meri kahani bhi.
tasweer se baten karte hien
kiyon bani hie tu baigani si,
jazbat se mere na khelo,
baten na karo anjani si...2

ajay bawa

उसको देखा मेरा दिल

Based on Bollywood song.
एक लड़की को देखा तो ऐसा....

ओ हो, उसको देखा मेरा दिल धड़कने लगा।
बोलो, कौन है वो, आई कहाँ से है वो,
पहले देखा है कहीं, लगे, मिले हैं कहीं,
दिल को अच्छा लगा, उसको तकता रहा,
रोके, रुका ना गया, मैं तो खिंचता गया,
उसको देखा, मेरा दिल....

चेहरे, पे है दमक, आँखों में वो चमक,
प्यारी-प्यारी मुस्कान, दिल के छेड़े हैं तार,
चाहे बैठी हो दूर, फिर भी चढ़ा है सुरूर,
मैं तो गाने लगा, बंधन बंधने लगा हो,
उसको देखा मेरा दिल....

कैसा कुदरत का खेल, फिर से हुआ है ये मेल,
इतने जन्मों के बाद, बैठी, सामने आज,
दिल बहकने लगा, छाया है मुझपे नशा,
कुछ तो होने लगा, मुझको प्यार हुआ,
हो उसको देखा मेरा दिल.....

मुझको डर है यही, कोई सपना,
कोई नज़र ना लगे, कहीं टूटे ना ये,
कोई क़यामत ना हो फिर से, दूर ना हो,
वक़्त रुके ना कभी, छीने दिल की खुशी,
ओ हो...उसको देखा मेरा दिल.......

अजय बावा

Usko dekha mera dil

Based on bollywood song ,
Eak ladki ko dekha toa aisa ..

Ohho,usko dekha mera dil dhadkne laga.
Bolo, kaun hie woh
ayi , kahan se he woh,
pahle , dekha he kahin
lage , mile hien kahin
dil ko , achha laga
usko , takta raha
roke, rooka na gaya
main toa, khinchta gaya
usko dekha, mera dil ..

Chehre, pe he damak,
ankhon, mien woh chamak,
pyari , pyari muskan,
dil ke , chhede he tar,
chahe, bethi he door,
phir bhi chadha he saroor,
mian toa gane laga
badhan , bandhne laga,
ho usko dekha mera dil...

Kaisa, kudrat ka khel,
phir se , hua he ye mail,
itne , janmo ke bad,
bethi , samne aaj,
dil , bahkne laga,
chaya, mujhpe nasha

kutch kutch , hone laga
mujhko , pyar hua
ho usko dekha mera dil..

Mujhko dar he yehi,
koi , sapna nahi,
koi , najar ne lage
kahni , tute na ye,
koi , kayamat na ho
phir se, door na ho,
vaqt , rooke na kabhi
chhine , dil ki khushi.
oho..usko dekha mera..

ajay bawa

चलती राहों में.....

चलती राहों में भटक जाते हैं,
ये किनारे क्यों बदल जाते हैं,
चलती राहों में।

दिल-ए-नादान इसे समझाया बहुत,
भटकते क़दमों को हमने रोका बहुत,
हम संभलते हैं, फिसल जाते हैं।

है जवान इश्क़ तो ज़ंजीरें भला कैसे बंधे,
है ये तूफान हवाओं से भला कैसे रुके,
दिल हो पत्थर भी, पिघल जाते हैं।

हम ग़लत हैं वो गलत हैं, गलत वो भी होंगे,
इन सवालों के जवाब, कहीं नहीं होंगे,
उलझे धागों में उलझे जाते हैं।

ये किनारे क्यों बदल जाते हैं,
चलती राहों में भटक जाते हैं।

अजय बावा

*Chalti rahon mien.Athens, Greece.
Pic by Ajay Bawa.*

..chalti rahon mien..

Chalti rahon mien bhatak jate hien,
Ye kinare kiyon badal jate hien
Chalti raho mien.

Dile he nadan ise samjhaya bahoot,
bhatke kadmon ko humnue roka bahoot,
hum sambhalte hien ,
fisal jate hien.

He jawan ishq toa zanjiren

bhala kaise bandhe,
He ye toofan hawaon se bhala kaise rooke,
dil ho pather bhi,
pighal jate hien.

Hum galat hien , woh galat hien,
galat woh bhi honge,
in sawalon ke jawab ,
kahin nahin honge.
Uljhe dhagon mien ulajhe jate hien.

Ye kinare kiyon badal jate hien.

Chalti rahon mien bhatak
jate hien

Ajay bawa

छीन ली हर खुशी

छीन ली हर खुशी, ग़म भी छीना मेरा,
फूल ले लो, काँटों को चुभ जाने दो।
ऐसे कब तक चलेंगे अकेले सनम,
दूर रह लो, हमें पास आ जाने दो।

रोक डाले है तूने सभी रास्ते,
एक गली भी ना छोड़ी हमारे लिए,
कैसे ढूँढे तुझे ना नज़र आए तू,
चाँद से कह दिया है, पता लाने को।
छीन ली है खुशी, ग़म भी छीना मेरा,

उनकी आदत हमेशा है मुस्कुराने की,
हमको ऐसा लगा कुछ, खुशी मिल गई,
उनकी आँखों में देखे थे सपने बहुत,
टूट कर वो बिखरें, बिखर जाने दो।

छीन ली है खुशी, ग़म भी छीना मेरा,
फूल ले लो काँटो को चुभ जाने दो।

अजय बावा

*Evening walk on beach in Mauritius.
Pic by Parbodh bawa.*

Chhin li her khushi,

CHHIN li her khushi,
gum bhi Chhina mera,
phool lelo, kanton ko chubh Jane doa.
Aise kab tak chalenge akele sanam,
door rehlo, humien pass aa jane doa.

Rok Dale hien tune sabhi raste,
eak gali bhi na chhodi humare liye,

kaise dhundhe tujhe na nazar aye tu,
chand se kah diya hie ,
pata lane ko.

Chhin li he khushi ,
gum bhi China mera

Unki aadat hamesha hie muskane ki,
hum ko aisa laga kutch khushi mil gayi,
unki ankhon mie dekhe the sapne bahoot
tutkar kar woh hien bhikhre, bhikhr Jane do.

Chhin li hie khushi gum bhi Chhina mera,
phool lelo kanton ko chubh Jane do.

ajay bawa

चुपके से आजा

चुपके से आजा, आ जा, आ जा,
चुपके से आजा ओ चाँदनी,
तेरे बिना नींद आती नहीं,
चुपके से आजा, आजा, आजा।

ख़्वाबों में तुझको देखा करें,
ख़्यालों में तू ही हमारे रहे,
तुझसे मोहब्बत हमें है सनम,
तेरी क़सम ना जुदा होंगे हम,
अपना बना जा, ओ रागिनी,
तुम बिना अधुरी सरगम मेरी,
चुपके से आ जा....

तेरी सादगी पर मरते हैं हम,
तेरी मुस्कुराहट के दीवाने हम,
चंचल नयन तेरा गदराया बदन,
हमको सताते रहे रात दिन,
सपने सजा जा, आ जा, आ जा,
सपने सजा जा ओ सांवरी,
तुझ बिना ना संवरे मेरी ज़िन्दगी,
चुपके से आ जा....

अंखियों के दर्पण में मेरे समा,
होंठो से अपने तू मदिरा पिला,
जुल्फों की छाओं में बस जाने दे,
लग जा गले दिल की धड़कन बढ़ा,
बांहों में बस जा ओ बांवरी,
बनती नहीं बिन तेरे बंदगी।

चुपके से आ जा ओ चाँदनी,
तेरे बिना नींद आती नहीं,
चुपके से आ जा, आ जा, आ जा।

अजय बावा

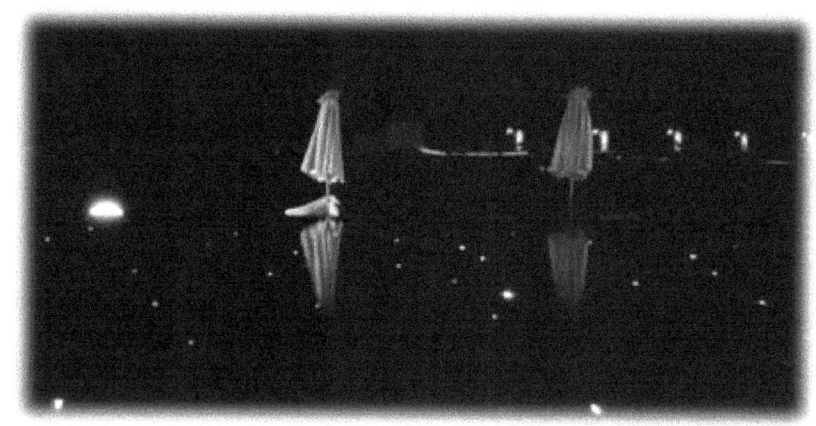

Chupke se aaja..Evening in Maldeves.
Pic. by Ajay Bawa

Chupke se aaja.

Chupke se aaja,aaja,aaja
Chupke se aaja oh chandni,
Tere bina neend aati nahin.
Chupke se aaja aaja,aaja, aaja.

Khawabon mien tujhko dekha
karen,
Khayalon mien tuhi hamare rehe,
tujhse mohabbat humen he sanam,
teri kasam na zuda honge hum,

Apna banaja o' Raghini,
Tum bin adhoori sargam meri.
Chpke se aaja.....

Teri sadgi pe marte hien hum,
teri muskurahat ke deewane hum,
chanchal nayan tera gadra badan,
humko satata rehe raat din.
sapne sajaja, aaja ,aaja,
sapne sajaja o' sanvry
tujh bin na sanvre meri zindagi.
Chupke se aaja....

Ankhiyon ke darpan mie mere sama,
hotho se apne tu madira pila,
zulfon ki chhaon mie bas Jane de,
lag ja gale dil ki dhadkan badha,
bahon mien basja o banvry,
banti nahin bin tere bandagi .

Chupke se aaja,oh chandani,
tere bina neend aati nahin,
Chupke se aaja,aaja,aaja.

by Ajay Bawa.

दिल के अरमा अभी

दिल के अरमा अभी बाक़ी हैं,
तुमको मेरा सलाम बाक़ी है,
हम ना जाएंगे तेरी महफिल से,
तेरा महफिल में आना बाक़ी है।

हुआ अरसा ये हमने पूछा था,
तेरे दिल पे मेरा हक़ है कि नहीं,
मेरा अब भी सवाल वो ही है,
बस तेरा जवाब बाक़ी है।

चाहे हमसे ख़फा हो तुम कितने,
ये गली छोड़कर ना जाना तुम,
तेरे दर पे बारात जानी है,
तुझे डोली में लाना बाक़ी है।

मेरे दीवानेपन को ना समझे,
ये है कुसूर तेरी नज़रों का,
तुझे सब कुछ बना के देख लिया,
तुझको अपना बनाना बाक़ी है।

कैसे भूलें ये एहसान तेरा,
हमको ले आए थे किनारे पर,
चाहे हमसे वसूल कर या ना कर,
तेरा क़र्ज़ा चुकाना बाक़ी है।
जान दे देंगे इश्क़ में तेरे,
इससे ज़्यादा सबूत क्या लीजिए,
अपनी गर्दन झुकाए बैठे हैं,
बस तेरा वार करना बाक़ी है।

अजय बावा

Pic.by Ajay Bawa

Dil ke arman abhi.

Dil ke arman abhi baki hie
tumko mera salam baki hie,
hum na jayenge teri mehfil se,
tera mehfil mien aana baki hie.

Hua arsa ye humne poocha tha,
tere dil pe mera haq hie ke nahi,
mera aab bhi sawal woh hi he,
bas tera jawab baki hie.

Chahe humse khafa ho tum kitne,
ye gali chhodkar na jana tum,
tere dar pe barat jani hie,
tujhe doli mien lana baki hie.

mere deewanepan ko na samjhe,
Ye hie kasoor teri nazron ka
tujhe sab kutch bana ke dekh liya,
tujhko apna banana baqi hie.

kaise bhulen ye ehsan tera
humko le aye the kinare par
chahe humse vasool kar na

kar
tera karza chukana baki hie.
Jan dedenge ishq mien tere,
isse jyada saboot kiya lije,
apni gardan jhukaye bethe hien,
bas tera war karna baki hie.

Ajay bawa

दिलबर का आयने में

दिलबर का आयने में जो दीदार कर लिया,
कि दूर बैठे प्यार का इज़हार कर लिया,

१. जब सामना हुआ तो,
मेरे होश उड़ गये, होश उड़ गये,
घबराए इतना, खुद को ही बेज़ार कर लिया,

२. ये इश्क़ में तेरे,
घर से बेघर हुए, बेघर हुए,
छोड़ा जहाँ, और खुद को ही
नकाम कर लिया।

३. आयने से तस्वीर को,
दिल में उतार कर, दिल में उतार कर,
हमने तेरा दीदार, बार-बार कर लिया।

अजय बावा

Peace in Maldives.
Pic. by Ajay Bawa.

Dilber ka aiyne mien

Dilber ka aiyne mie jo,
didar kar liya,
ke door bethe, pyar ka,
izhar kar liya,

1..
Jab samna hua toa ,
mere hosh uad gaye,
hosh uad gaye.
Ghabraye itna ,
khudko hi,
bezare kar liya.

2..
Ye ishq mien tere ,
ghar se beghar hue,
beghar hue.
Chhoda jahan ,
aur khud ko hi ,
nakam kar liya.

3..
Ayine se tasweer ko ,
dil mie utar kar,
dil mien utar kar.
Humne tera didar,
bar bar kar liya.

Ajay bawa

Duet.. दिल ने जो कहा

Male..
दिल ने जो कहा, तुमने ना सुना,
हमको तुमसे प्यार है,
तुमको क्या पता।

Female..
हमने सुन लिया, तुमने जो कहा,
तुमको बताएँ कैसे सनम,
तुम्हारे हैं सदा।

Male..
बेख़ुदी तुम्हारी,
हम समझ ना पाये,
अपनी ख़ता यही है,
तुम्हीं हमें रास आए,
हमने कह दिया,
तुमने सुन लिया,
हमको तुमसे प्यार है,
तुमको है पता।

Female..
पूछ लो चमन से, पूछ लो गगन से,
तेरे ख़्यालों में हो तुम,
हो तुम मेरी धड़कनों में,
हमने सुन लिया,
तुमने जो कहा,
कैसे बताएं तुमको सनम,
तुम्हारे हैं सदा।

अजय बावा

Pic by Akshay Bawa

Duet..dil ne jo kaha.

Male..
Dil ne jo kaha,
tumne na suna,
humko tum se pyar he ,
tumko kiya pata.

Female..
Humne sun Liya,
tumne jo kaha,
tumko batayen kaise sanam ,
tumhare hien sada.

Male..
Bekhudi tumhari,
hum samjh na paye,
apni khata yehi hie,
tumhi humie raas aye.
humne kah diya
tumne sun liya,
humko tumse pyar hie,
tumko hie pata.

Female..
Poochh lo chaman se,
poochh lo gagan se,
mere khayalon mie ho tum,
Ho tum meri dhadkno mien
Humne sun liya ,
tumne jo kaha,

kaise batayen tumko sanam,
tumhare hien sada.

Ajay bawa

Duet.. हमका लुभाए के

Female..
हमका लुभाए के..
प्रीत जगाए के,
अपना बनाए के, चला हैं कहाँ।

Male..
चक्कर चलाए के, हमका फंसाए के,
शहरन की छमिया, चुराए है जिया।

Female..
सजना ओ सजना,
ना है ये कोई सपना,
छोड़ी दुनिया सारी,
तुमको समझा अपना,
गीतों के बोलों में,
हमको उलझाए के,
हमको रिझाए के,
चला है कहाँ।

Male..
हम हैं सीधे साधे,
हम हैं भोले-भाले,
झटके हैं कमरिया,
मन हमरा डोले,
जाल बिछाए के,
हमको फंसाए के,
बरेली की बांकी,
बुने क्या बता।

अजय बावा

Masaimara,, Kenya
Pic by Ajay Bawa

Duet. Humka lubhaikee.

Femal..
Humka lubhaikee,
preet jagaikee,
aapna banaikee,
chala hie kahan.

Male..
Chakkar chalaiykee,
humka fasaiykee,
Shahran ki chhamiya
churaye he jiya.

Female..

Sajana oh sajana,
na hie ye koi sapna,
chhodi duniya sari,
tumko samjha apana.
geeton ke bolon mien,
humko uljhaikee,
humka rijhaikee
chala hie kahan

Male..
Hum hien sidhe sadhe,
hum hien bhole bhale,
jhatke hie kamraia
man hamra dole
jal bichaikee,
humko fasaikee,

bairelly ki banki,
bune kiya bata.

Ajay bawa

Duet.. ज़ुल्फ़ें संवारे

Male..
ज़ुल्फ़ें संवारे -मरती है दुनिया,
चाल पे तेरी चलती हैं छुरियां,
होंठ शराबी रस भरी कलियाँ..ओह

Female..
जा रे जा दीवाने ऐसी बातें ना बना,
तू है कहाँ और मैं हूँ कहाँ,
ख़्वाबों की दुनिया में रहे तू कहाँ, ओह

Male..
होश उड़ गये तड़पाए क्यों मुझे,
गले ना लगाये, झूठे वादे तू करे

Female..
जल्दी भी क्या है, ना चुराना तू मुझे,
पागल दिवाने झूठा, प्यार तू करे।

Male..
झटके कमरिया तो निकले है दम,
अलहड़ जवानी, चली कहाँ बन ठन,

Female..
छेड़ता रहे तू मुझे अच्छा ना लगे,
देखे सारी दुनिया तू जुल्म करे।

अजय बावा

Duet..zulfien sawanre.

Male..
Zulfien sanwaren -marti hie duniya,
Chal pe teri ,chalti hien chhuriyan
Honth sharabi raas bhari kaliyan,,ohh.

Female..
Ja re ja deewane aisi batien na bana,
Tu hie kahan aur mie hun kahan.

Khawabon ki duniyan mien rehe tu kahan..ohh.

Male..
Hosh udaye tadpaye kiyon mujhe,
Gale na lagaye jhoote wade tu kare,

Female..
Jaldi bhi kiya hie, Na churana tu mujhe,
Pagal deewane jhutha, pyar tu kare

Male..
Jhatke kamria toa nikle he dum,
Alhad jawani ,chali kehan ban than.

Female..
Chhedta rehe tu mujhe achha
na lage,
dekhe sari duniya tu zulm kare.

Ajay bawa

Duet.. क़रीब बैठो

Male.. करीब बैठो कि दिल की किताब पढ़ते हैं,

Female.. छिप के मिलना नहीं अच्छा, आदत है बुरी,

हमें न छेड़ो के सब लोग बातें करते हैं

Male.. है मज़ा चोरी में, ये चोर कहा करते हैं।

Female.. यूँ सरेआम हमसे नज़रे मिलाया ना करो,

Male.. राज़ की बातें हैं, नज़रों से कहा करते हैं।

Female.. चाँद आशिक़ है, जवान चाँदनी है, ख़ैर नहीं,

Male.. सुहागरात है पूनम की तारे जलते हैं।

अजय बावा

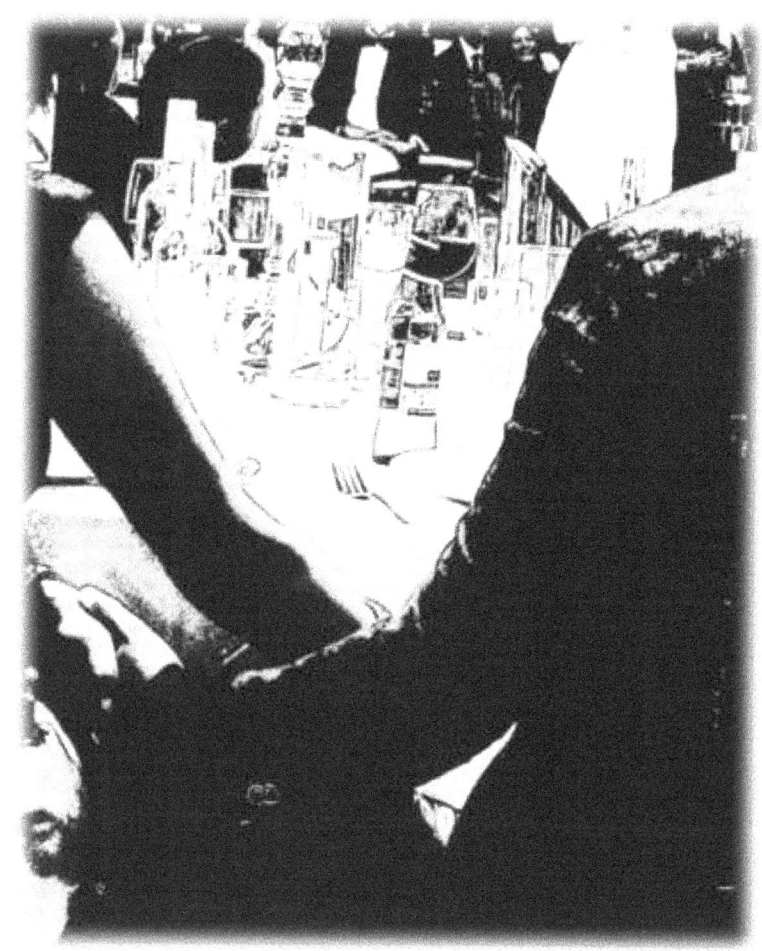

Pic. by Ajay Bawa

Duet..kareeb baitho..

Male..
Kareeb baitho ke dil ki kitab padhte hien,

Female..
Humien na chhedo ke sab log batien karte hien.

***

F..chhip ke milna nahin achha,
adat hie buri,

M..Hie maza chori mien,
ye chhor kaha karte hien.

***

F..Yun sare aam humsie nazrein milaya na karo,

M..Raz ki baten hien ,
nazron se kaha karte hien.

***

F..chand ashiq hie ,jawan chandni hie, khair nahin,
M..Suhagraat hie Poonam ki tare jalte hien.

Ajay bawa

Duet.. अँखिया मिलाए क्यों

Male...
अंखिया मिलाए क्यों, चोरी-चोरी,
दिल ये चुराए क्यों, चोरी-चोरी,

Female...
सपनों में रोज़ तू, ये चला आए क्यों,
नींदिया उड़ाए क्यों, चोरी-चोरी।

Male...
दूर क्यों है खड़ी, आ भी जा,
है मिलन की घड़ी, आ भी जा,
दिल से पूछा धड़कनो ने, हाँ कहा,
चाँद भी अब बादलों में छिप गया,
अपना बनाए तू, चोरी-चोरी,
दिल ये चुराए तू, चोरी -चोरी ।

Female...
है बड़ा अंजान तुझको, ना ख़बर,
हर क़दम पे है मुझे दुनिया का डर,
आज रहने दे, मिलेंगे फिर तुझे,
छोड़ दे आँचल मेरा, अब जाने दे,
फिर ना आएंगे कभी,
चोरी-चोरी।

अजय बावा

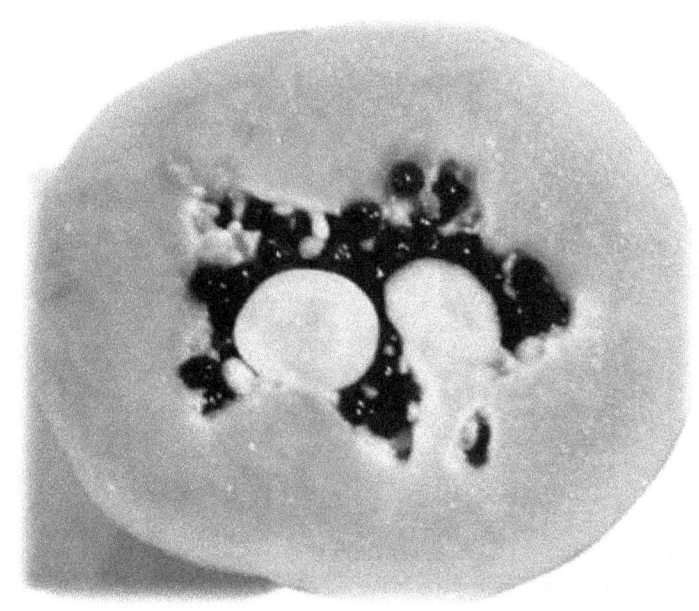

Guess what.
Pic.by Ajay Bawa.

Duet..Akhiyan milaye kiyon.

Male..
Ankhiyan milaye kiyon,
chori chori,
dil ye churaye kiyon,
chori chori,

Female..
Sapno mien roz tu ,
ye chala aye kiyon,
neendiya udaye kiyon,
chori chori.

M...

Door kiyon hie khadi,
aabhija,
hie milan ki ghadi,
aabhija.
Dil se poocha dhadkano ne, han kaha,
chand bhi aab badlon mien, chhup gaya.
Aapna banaye tu,
chori chori,
Dil ye churaye tu,
chori chori.

F...
Hie bada anjan tujhko,
na khabar,

har kadam pe hie mujhe, duniya ka dar.
Aaj rehne de ,

mileage phir tujhe,
chhod de aanchal mera,
aab Jane de.
Phir na ayenge kabhi,
chori chori.

Ajay bawa

सजती है क्यों

Male..
सजती है क्यों, संवरती है क्यों,
माथे की तेरी बिंदिया, चमकती हैं क्यों।

Female..
बनता है क्यों, बनाता है क्यों,
ज़ालिम हमें तू, सताता है क्यों।

Male..
क्यों छिपाए चाँद को, घूँघट में हमसे ज़रा,
चूड़ियाँ खनकाए तू, धड़कन बढ़ाए क्यों बता,
पायलों से कह दे तू वोह छनकना छोड़ दे,
बोल अपने कजरे से वोह, चमकना छोड़ दे।
सजती है क्यों.....

Female..
चाँद घूँघट में छिपा, तेरी नज़र लग जाए ना,
चूड़ियाँ खनकाऊँ मैं, तू राहों में खो जाए ना,
पायलों से कह दिया है तुझको, वो बांधे रहें,
कजरा मेरा तुझको मेरी आँखों में क़ैदी रखे।
बनता है क्यों.....

अजय बावा

Duet..Sajti Hie Kiyon..

Male...
Sajti hie kiyon, sanwarti hie kiyno,
Mathe ki teri bindia chamakti hie kiyon.
F..
Banta hie kiyon, banata hie kiyon,
zalim humien tu, satata hie kiyon.

Male..
Kiyon chhipaye chand ko,

Ghunghat mien humse tu zara.
Chudiyan khankaye tu,
dhadkan badhaye kiyon bata,
Paylon se kehde tu woh
chhankana chhod de,
Bol apne kajre se woh,
chamkna chhod de.

Sajti he kiyon....

Female...
Chand ghunghat mien chhipa ,
teri nazar lag jaye na .
chudiyan khankaun mien tu rahon mien kho jaye na ,

paylon se kehdiya he tujhko woh bandhe rahen,
kajara mera tujhko meri
aankhon mie kaidi rekhe.
Banta hie kiyon.

Ajay bawa

Duet.. मीठी तेरी

Male...
मीठी तेरी बतियाँ, कजरारी अँखिया,
बोले है पपीहा, खिल गईं कलियाँ।

Female...
बड़ा है दीवाना, भोली तेरी बतिया,
धक-धक जिया करे, काहे खिलीं कलियाँ,

Male...
बाजे तेरी पायल, खनके तेरा कंगना,
करें शोर लहरें, मिले गंगा जमुना।

छोड़ दे पिया का घर, छोड़ दीं सखियाँ,
बोले है पपीहा....

Female...
बरसा है सावन, महके हैं अंगना,
कूके है कोयलिया, कहाँ है तू सजना।

छिपा कहाँ हमसे, ढूँढे सारी गलियाँ,
धक-धक जिया करे....

अजय बावा

Eagle Pond, Snaresbrook, London..
Pic by Parbodh Bawa

Duet.meethi teri.

Male..
Meethi teri batiyan,
kajrari aakhiyan,
bole hie Papiha,
khil gayi kaliyan.

Female..
Bada he deewana,
bholi teri batiyan,
dhak dhak jiya kare,
kahe khilin kaliyan.

M..
Baje teri payal,
khanke tera kangana,
karen shor lahren,
mile gang jamuna.

Chhod de piya ka ghar,
chhod din sakhiyan.
Bole hie Papiha...

F..
Barsa hie savan,
mehka hie angana,
kooke hie koyaliya,
kahan hie tu sajana.

Chhipa kehan humse,

dhundhe sari galyian.
Dhak dhak jiya kare..

Ajay bawa

Duet.. तू बहाना

Male...
तू बहाना छोड़ के, ये ज़माना छोड़ के,
आ भी जा, अब आ भी जा,

आ भी जा, अब आ भी जा,
तू आके, जाना छोड़ दे।

Female...
जादू तेरा चलना लगा,
दिल मेरा धक-धक हुआ,
देखतें हैं लोग सब,
हमको सताना छोड़ दे।

Male...
दिल जवाँ रातें जवाँ,
होश हमको है कहाँ,
भूल जा इस दुनिया को,
बातें बनाना छोड़ दे।

Female...
छोड़ दे आँचल मेरा,
दिल की धड़कन ना बढ़ा,
मान ले बात तू,
ये दिल लगाना छोड़ दे।

अजय बावा

Pic by Ajay Bawa

Duet...tu bahana.

Male..
Tu bahana chhod ke,
ye zamana chhod ke,
abhija, ab abhija,

abhija, ab abhija,
Tu aake , jana chhod de.

Female..
Jadoo tera chalne laga,
dil mera dhak dhak hua,
Dekhten hien log sab,
humko satana chhod de.

M..
Dil jawan raaten jawan,
hosh humko hie kahan,
Bhool ja is duniya ko,
batien banana chhod de.

F..
Chhod de aanchal mera,
dil ki dhadkan na badha
Manle meri bat tu,
ye dil lagana chhod de.

Ajay bawa

You are so ..

You are so beautiful , beautiful you are.
can't forget those times.

..The rainbow we had ,will never disappear,
..you will, always be in my mind .

Your lips ,your eyes, your smile,
my lady
..and I love you

Yes ur lips, ur eyes ,ur smile
my lady,
and I love u and I love u.

..You are too far ,too far to reach.
One day that bridge I will cross

will see you ,
will feel you,
be close
to ur heart

No way I will be apart.....

Your lips, ur eyes ,ur smile oh lady
and I love you and I love you.

by ajay bawa

ग़मों की दास्तान

ग़मों की दास्तान हम हैं,
क्यों हमको सताते हो,
कि साक़ी खुद ना बन सके,
क्यों हमको पिलाते हो।

तुम हमें, ये बतलाओ,
भूलें हम तुम्हें कैसे,
ये यादें ना जुदा होंगी,
तुम्हीं हो दूर जाते हों।

खतों को अब क्यों पढ़ते हो,
जलाती क्यों नहीं उनको,
कहीं क़िस्से ना बन बैठे,
ये वाकये क्यों सुनाते हो।

शिकायत ना हमें कोई,
जुदा गर हो सलामत हो,
जो आना है नहीं तुमको,
बहाने क्यों बनाते हो।

अजय बावा

Our Garden.
Pic.by Parbodh Bawa

Gumon ki dastan..

Gumon ki dastan hum hien,
kiyon humko satate ho,
Ke saki khud na ban sake,
kiyon humko pilate ho.

Tum humien ,ye batlao,
bhulien hum tumhe kaise,
Ye yadien na juda hongi,
tumhi ho door jate ho.

Khaton ko aab kiyon padhte ho,
jalatie kiyon nahi unko,

Kahin kissey na ban bethe,
ye wakei kiyon sunate ho.

Shikayat na humie koi,
zuda gar ho salamat ho,
Jo ana hie nahin tumko ,
bahane kiyon banate ho.

Ajay bawa.

है नज़र उन पे

है नज़र उन पे क़यामत क्यों हम पे ढाते हो,
है प्यार उनसे तो फिर क्यों, हमें सताते हो।

क्यों गुज़रते हो तुम, मेरे पास से शोला बनकर,
जलना है गुनाह समझो, हमको क्यों जलाते हो।

हमसे करते हो शिकायत कि बहुत पीते हैं,
चोर नज़रों से क्यों, चोरी उनको पिलाते हो।

मेरी धड़कन से मेरे दोस्त, तुम क्यों जुदा होकर,
गीत मेरे हैं, तुम उनको क्यों गाते हो।

ये खेल कैसा सनम तुमने खेलना सीखा,
कभी हमको, कभी उनको तुम जिताते हो।

अजय बावा

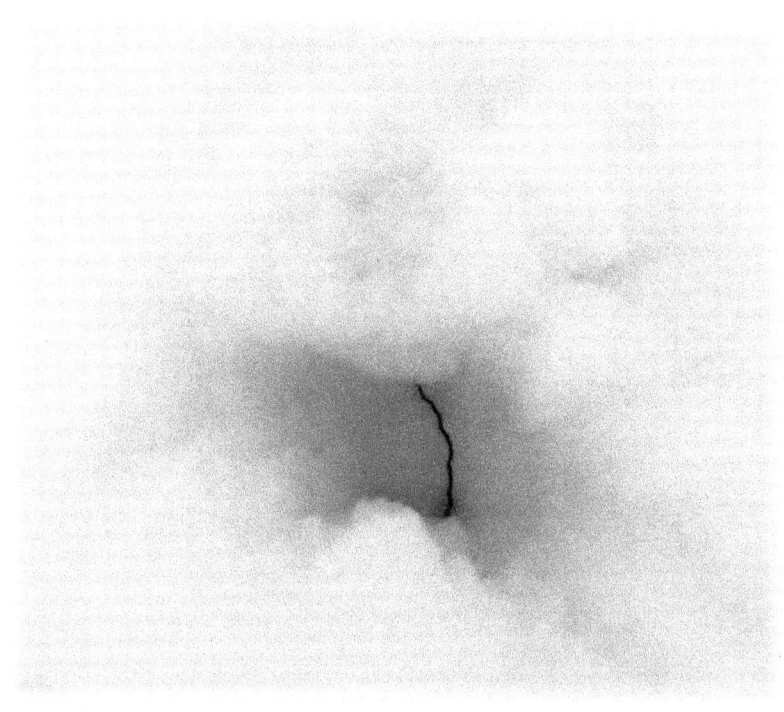

Guess what. Answer on last page.
Pic. by Ajay Bawa

Hie nazar unpe..

Hei nazar unpe kayamat kiyon humpe dhate ho,
he pyar unse toa fir kiyon humen satate ho.

Kiyon guzrte ho tum
mere pass se shola bankar,
Jalao unko tum,
jalana he gunah समझो
,humko kiyo jalate ho.

Humse karte ho shikayat ke bahoot peete hien,

chor nazron se kiyon ,chori unhe unko pilate ho.

Meri dhadkan se mere dost tum kiyon zuda hokar,
geet mene likhe hien ,
tum, unko kiyon Gate ho

Ye khel kaisa sanam tumne khelna sikha,
Kabhi humko,
kabhi unko tum jitate ho.

Ajay bawa

हमें पीने दो

हमें पीने दो, अरे, ऐसे ही बदनाम हैं हम,
हम ग़लत हैं, होने दो, नादान हैं हम।

ये महफिल हसीन है, ये रातें जवान हैं,
शोर बहुत है यहाँ, और वो भी यहाँ हैं,
नशा अब और बढ़ा, बढ़ने दो,
दिलो जान हैं हम।

तेरे इश्क़ में हम तो पागल हुए,
ना किसी की सुनी, ना कोई रोके हमें,
लोग हँसते हैं, हँसने दो, अंजान हैं हम।

तुम्हें छेड़ा करते थे, हम छुप-छुप के,
कभी भी ना सोचा, बुरे थे, क़सम से,
थोड़ा अल्हड़ थे तुम, थोड़ा शैतान थे हम।

अजय बावा

*Night scene, Copenhegen.
Pic by ajay Bawa.*

..humien peene do..

Humine peene do ,arrey,
aise hi badnam hien hum,
hum galat hien, hone do,
nadan hien hum.

Ye mehfil hansin hie,
ye raaten jawan hien,
shor bahut hie yahan,
aur woh bhi yenhan hien,
nasha aab aur badha,
badhne do,
dilojan hien hum.

Tere ishq mien hum toa
pagal hue,
na kisi ki suni, na koi roke humie,
log hasten hien,hasne doa,
anjan hien hum.

Tumhie chheda karte the,
hum chhup chhup ke,
kabhi bhi na socha,
bure the ,kasam se,
thode alhad the tum,
thode shaitan the hum.

Ajay bawa

हमसे मुँह फेर

हमसे मुँह फेर कर, ना बैठो,
दिल के शिकवे हुजूर कर लेंगे,
तुम हमसे प्यार चाहे ना भी करो,
तेरी नफरत कुबूल कर लेंगे।

हमसे ये गुफ्तुगु, शुरू कीजिए,
कुछ तो सुनिए, अरे कुछ तो कहिये,
बातों-बातों में भूल कर लेंगे।

ख़त लिखा है तुम्हें, पढ़ लेना,
ना फैंकना, जवाब दे देना,
कोरा कागज़ कुबूल कर लेंगे।

छोड़ो गुस्सा के माफ कर दो हमें,
देख लो तुम इक नज़र से हमें,
फिर से कोई कुसूर कर लेंगे।

अजय बावा

Pic by Ajay Bawa

Humse moonh pher

Humse moonh pher kar,
na betho,
dil ke shikwe huzur kar lenge,
tum humse pyar chahe na bhi karo,
teri nafrat kabool kar lenge.

humse ye guftugu ,shooru kijye,
kutch toa suniye ,aree, kutch toa kahiye,
baton baton mien bhool kar lenge.

Khat likha hie tumhe, padh lena
na fenkna, jawab de dena,
kora kagaz kabool kar lenge.

chhodo gussa ke mauf kar do humien,
dekh lo tum eak nazar se humien,
phir se koi kasoor kar lenge.

Ajay bawa

जलवा दिखाइये हाय

जलवा दिखाइये हाय, क्या चीज़ है,
वो मुस्कुरा दे, हाय, क्या चीज़ है।

क्या छुपाए हमसे, शरमाए हमसे,
पर्दा उठा दे, हाय, क्या चीज़ है,
पर्दा उठा दे,
क्या ग़ज़ब की चीज़ है।
जलवा दिखाइये, हाय..

लहराएं जुल्फें, क्या अदा है,
क़ातिल निगाहें, हमको सज़ा दे,
आँचल गिरा दे, हाय, क्या चीज़ है,
आँचल गिराये, क्या ग़ज़ब की चीज़ है।
जलवा दिखाइये, हाय..

अरे ओ खुदाया, क्या हुस्न है,
मुँह फेर ले वो, क्या जुल्म है,
दिल ज़ख्मी-ज़ख्मी, हाय,
क्या चीज़ है,
दिल ज़ख्मी-ज़ख्मी,
क्या ग़ज़ब की चीज़ है।
जलवा दिखाइये, हाय, क्या चीज़ है।

अजय बावा

Little toy, sitting on orange, sitting on apple.
Pic. by Ajay Bawa

Jalwa dikhaye hi.

Jalwa dikhaye hi ,
kiya cheese he.
woh muskura de, hi ,
kiya cheese he.

Kiya chhupaiye humse,
sharmaye humse,
parda utha de,
hi, kiya cheese he.
Parda uthde
kiya gazab ki cheese he.

Jalwa dikhaye hi....

Lehrayen zulfien,
kiya aada he,
qatil neegahien ,
humko saza de,
aanchal gira de, hi ,
kiya cheese he,
aanchal giraye ,
kiya gazab ki cheese he.

Jalwa dikhaye ,hi...

Are oh khudaya ,
kiya husn he,
moonh fer le woh,
kiya zulm he,
dil zakhmi zakhmi, hi,
kiya cheese he,
dil zakhmi zakhmi,
kiya gazab ki cheese he.

Jalwa dikhaye hi kiya cheese hie.

Ajay bawa

मिलें मुद्दत से

मिले मुद्दत से दुआ सलाम तो किया होता,
दिल लिए बैठे हो, इज़हार तो किया होता।

खुद तो कहते नहीं, दोस्तों से कह दिया होता,
इश्क़ ज़िन्दा है इक़रार तो किया होता।

यूँ तो ज़ख़्मी हैं, फिर भी तुमको शिकायत ना कोई
तेरे क़ायल हैं हमपे वार तो किया होता।

कैसी ख़ामोशी है,
गुमसुम से सभी बैठे हैं, ले के अंगड़ाई,
क़त्ले आम तो किया होता।

अजय बावा

River Nile. Egypt.
Pic by Ajay Bawa.

Mile muddat se.

Mile muddat se dua salam to kiya hota,
dil liye bethe ho izhar to kiya hota.

Khud to kehte nahin ,doston se keh diya hota,
ishq zinda hie ye ikrar to kiya hota.

Yun to zakhmi hien,
fir bhi humko shikayat na koi,
tere kayal hien humpe war to

kiya hota.

Kaisi khamoshi hie ,
gumsum se sabhi bethe hien,
leke angdayi qatle aam to kiya hota.

Ajay bawa

फिर हुई शाम

फिर हुई शाम कि तंहाईयों से डरते हैं,
हमें आदत है, तेरा इंतज़ार करते हैं।

नहीं भूलें हैं तेरी रस भरी मीठी बातें,
ना हमसे बात कर,
हम खुद से बातें करते हैं।

लिख के बार-बार तेरा नाम इस हथेली पर,
बिगड़ी तक़दीर की रेखाओं को बदलते हैं।

बिसरी यादों के मंदिर में सजाकर तुझको,
खुदा गवाह है हम रोज़, सजदा करते हैं।

अजय बावा

*Sunset. Rriver Nile in Luxor, Egypt.
Pic by Ajay Bawa*

Phir hui sham...

Phir hue sham ke tanhaiyon se darte hien,
humien adat hie ,tera intezar karte hien.

Nahin bhulien hien teri,
ras bhari meethi baten,
Na humsie baat kar,
hum khud se batie karte hien.

Likhke bar bar tera nam is hatheli par,
bigadi takdeer ki rekhaon ko

badlte hien.

Bisri yadon ke mandir mien ,
sajakar tujhko,
khuda gawah hie hum roz, sazde karte hien..

Ajay bawa

जान मेरी ख़फ़ा

जान मेरी ख़फ़ा हो गई
आज महफिल तबाह हो गई।

रूठ कर तुम किधर चल दिये,
आशिक़ों के हैं दिल बुझ गये,
छोड़ भी दो गुस्सा सनम,
माफ कर दो ख़ता हो गई।

धीरे-धीरे हमें पीने दो,
ज़िन्दगी थोड़ी है जीने दो,
पियें जितना भी प्यास ना बुझे,
तेरी नज़रे बेईमान हो गई।

अपनी पलकों को झुकने ना दो,
अपना आँचल ढलकने ना दो,
हमको डर है तबाही ना हो,
मेरी सलमा जवान हो गई।

अब ये महफिल बिखरने लगी,
और पब्लिक खिसकने लगी,
हैं अकेले हम कमरे में बंद,
और ये चाबी कहाँ खो गई।

अजय बावा

River Nile, Egypt.
Pic. by Ajay Bawa

Jan meri khafa..

Jan meri khafa ho gayi eee
aaj mehfil tabah ho gayi.

Rooth kar tum kidhar chal diye,
Aashiko ke he dil bhujh gaye,
chhod bhi doa gussa sanam,
mauf kar doa khata ho gayi.

dheere dheere humine peene do,
zindagi thodi he jeene doa,
peeyen jitna bhi pyas na

bhujhe,
teri nazaren baiman ho gayi.

Apni palkon ko jhukne no do,
Apna aanchal dhalkne na doa,
humko dar he tabahi na ho,
meri Salma jawan ho gayi.

Aab ye mehfil bikhrne lagi,
aur public khiskne lagi,
hien akele hum kamre mie band,
aur ye chabi kahan kho gahi.

Ajay bawa.

जाओ जो तुम

जाओ जो तुम वहाँ पे, मेरा सलाम देना,
हम ठीक हैं यहाँ पर, पैग़ाम उनको देना।

रातों को जागते थे,
तेरे इश्क़ का जुनून था,
सोये हैं इन्तहा अब,
दस्तक सुबह ना देना।

कितने हसीन दिन थे,
क्यों सफर था इतना छोटा
दे-दें उधार में ही,
कुछ और दिन माँग लेना।

कह देना तुम उनसे,
फिर से ना मिल सकेंगे,
कि क़ैद हैं कफन में,
हैं मजबूर बता देना।

अजय बावा

Bridge on the river Nile, Egypt.
Pic. by Ajay Bawa

Jao jo tum.

Jao jo tum wahan pe,
mera Salam dena,
hum theek hien yahan par,
pegam unko dena.

Raaton ko jagten the,
tere ishq ka zanun tha,
soye hien inteha aab,
dastak subha na dena.

Kitne hasin din the ,
kiyon safar tha itna chhota
de dede udhar mie jo,

kutch aur din , mang lena.

Keh dena tum ye unse,
phir se na mil sakenge,
ke kaid hien kafan mien,
hien mazboor bata dena.

Ajay bawa

जी चाहता है

तुम्हें भूल जाने को जी चाहता है,
जी चाहता है, जी चाहता है,

चेहरा जो हमसे छुपाते रहे,
ख़्वाबों में हमको सताते रहे,
पर्दा गिराने को जी चाहता है,
जी चाहता है, जी चाहता है।

दीया ना जलाना मेरी क़ब्र पे,
बड़ी मुश्किलों से हैं भूले तुम्हें,
अंधेरे हैं, सोने को जी चाहता है।
जी चाहता है, जी चाहता है।

बहुत तड़पे हैं हम तेरी याद में,
ज़िन्दगी ने हमें इतने सदमे दिये,
दोबारा ना आने को जी चाहता है,
जी चाहता है, जी चाहता है।

अजय बावा

*Fly with me.Maldives.
Pic by Ajay Bawa.*

Ji chata hie, ..

Tumhe bhul jane ko ji chahta hie,
ji chhata hie ji chahta hie.

Chehra jo humse chhupate rehe,
khawabon mie humko satate rehe,
parda girane ko ji chahta he
Ji chahta hie -2

Diya na jalana meri kabar pe,

badi mushkilon se hien bhule
tumhe
andhere hien,
sone ko ji chahta hie.
Ji chahta hie-2

Bahut tadpe hien hum teri yad mie,
zindagi ne hume itne sadme diye,
doobara na aane ko ji chahta hie.
Ji chahta hie -2

कहाँ गये हो

कहाँ गये हो, भला आप बिन बताये हुए,
छिपा है चाँद, चाँदनी को चुराये हुए।

ये सुना है इस महफिल में,
सब दीवाने तेरे, ना घूमों इस तरह,
चिलमन को उठाए हुए।

हर तरफ आग लगाते हो,
ज़रूरी तो नहीं, हम तो पहले ही हैं,
इस दिल को जलाए हुए।

जो हमसे प्यार नहीं,
हमको भुलाते क्यों नहीं,
याद क्यों आते हो,
हम पहले से हैं सताए हुए।

अजय बावा

Kahan gaye ho..

Kahan gaye hoe,
bhala aap bin bataye hue,
chipa hie chand ,
chandni ko churaye hue,

Ye suna hie is mehfil mien ,
sab deewane tere,
na ghoomo is terah ,
chilman ko tum uthaye hue.

Har taraf aag lagate ho,
zaroori toa nahin,
hum toa pehle hi hien,
is dil ko jalaye hue .

Jo humse pyar nahin ,
humko bhulate kiyon nahi ,
yaad kiyon aate ho,
pehle se hien sataye hue.

Ajay bawa

खुशी Share करो

खुशी share करो,
खुशी बढ़ती है।

ग़म share करो,
ग़म घटते हैं।

बातें share करो,
प्यार बढ़ता है।

प्यार share करो,
ज़िन्दगी बढ़ती है।

बातें ना करो,
दूरी बढ़ती है।

दूरियाँ बढ़े तो
यादें बढ़ती हैं।

यादें जब बढ़े ंतो,
दिल तड़पता है।

दिल जब तड़पे,
गीत बनता हैं।

और यही गीत,
हम लिखते हैं,
और शुक्रिया आपका,
आप लोग पढ़ते हैं।

अजय बावा

*Hand painted Easter eggs, Ishika, Akshay.
Pic by Parbodh Bawa.*

Khushi share karo.

khushi share karo,
khushi badhti hie.

Gum share karo,
gum ghat ta hie,

Baten share karo,
pyar badhta hie.

Pyar share karo,
zindagi badhti hie.

Baten na karo,
doori bhadti hie.

Dooriyan badhen toa ,
yaden badhti hien.

Yaden jab badhen
dil tadpta hie.

Dil jab tadpe,
geet bante hien

Aur yehi geet,
hum likhte hien,

Shukria aapka,
aap inhen padhte hien.

Ajay bawa

क्यों दूर छुपकर

क्यों दूर छुपकर बैठे हैं आप,
निगाहों को अपनी चुराए हैं आप,
क्यों दूर छिपकर बैठे हैं आप।

भरी भीड़ है, हम यहाँ खो गए,
देखे यहाँ और वहाँ, ना मिले,
तुम्हें कैसे ढूँढे, बताएंगे आप।

ज़रा आ के बैठो हमारे क़रीब,
लगी आग दिल में बुझती नहीं,
बढ़ी दिल की धड़कन,
संभालेंगे आप।

ये जुल्फों को अपनी, बिखरने ना दो,
ज़रा इस तरफ तुम, निगाहें करो,
क्यों चंदा को हमसे छुपाते हैं आप।
क्यों दूर छुपकर बैठें हैं आप।

अजय बावा

River Nile
Pic by Ajay Bawa.

Kiyon door chhupkar..

Kiyon door chhupkar bethe hien aap,
nigahon ko apni churaye hie aap.
kiyon door chhipkar bethe aap.

Bhari bheed hie ,hum yahan
kho gaye,
dekhen yahan aur ,wahan ,
na mile,
tumhen kaise dhundhe,
batayenge aap.

Zara aake betho humare kareeb,
lagi aag dil mien,
bujhti nahi,
badhi dil ki dhadkan, sambhalege aap.

Ye zulphon ko apni ,
bikharne na do,
zara is taraf tum,
nigahen karo
kiyon chanda ko humse chhupate hien aap.

Kiyon door chhupkar bethe

aap.

Ajay Bawa

कोई और ग़ज़ल

कोई और ग़ज़ल गाएंगे,
कोई और कहेंगे फ़साना,
ये गली ना हमारी थी,
ना ये था मेरा तराना।

सज-धज के जा रहे हो,
ये महफिल कौन सी है,
दिल छोड़ दो यहीं पर,
कहीं और खो ना आना।

दिल लेके अब ना पूछो,
तुम इसका क्या करोगे,
पत्थर समझ के रख लो,
मंदिर में ना सजाना।

बलखाते जा रहे हो,
ये कैसी क़यामत है,
ये रास्ते नए हैं,
अंदाज़ है पुराना।

अजय बावा

Sunset, river Nile. Egypt.
Pic by Ajay Bawa

Koi aur gazal .

Koi aur gazhal gayenge,
koi aur kahenge fasana,
ye gali na hamari thi,
na ye tha mera tarana.

Sajh dhaj ke ja rehe ho,
ye mehfil kaun si hie,
dil chhod do yehin par,
kahin aur kho na aana.

Dil leke aab na poocho,
tum iska kiya karoge,
pathar samajh ke rakhlo,

mandir mien na sajana.

bal khate ja rehe ho,
ye kaisi kayamat hie,
ye raaste naye hien,
andaz hie purana

ajay bawa..

महफ़िल में आज

महफिल में आज सबको ये
मालूम हो गया,
कि हम तेरे बीमार हैं,
ये शोर मच गया।

यूँ सबके सामने हमें,
शर्मिंदा ना करो,
दिल तोड़कर हमारा,
क्यों ऐलान कर दिया।

क्यों रातों ने भी नींद से बेवफाई की,
सोये भी ना थे हम अभी, आज़ान कर दिया।

पूछा हमारा हाल, बहुत शुक्रिया जनाब,
इस ज़िन्दगी में चैन था, बेचैन कर दिया।

ये जान चाहे ले लो पर,
इलज़ाम तुम ना दो,
ये ज़िन्दगी मासूम थी,
बदनाम कर दिया।

अजय बावा

Author with friends.

..mehfil mie aaj..

Mehfil mie aaj sabko ye maloom ho gaya,
ke hum tere bimar hien ye shor mach gaya.

Yun sabke samne hamien sharminda na karo,
dil todkar humara,
kiyon ailan kar diya.

kiyon raaton ne bhi need se baiwafai ki,
soye bhi na the hum abhi,

aazan kar diya.

pocha humara haal ,
bahoot shukria zanab,
is zindagi mien chain tha baichain kar diya

ye Jan chahe lelo par,
ilzam tum na do,
ye zindagi masoom thi,
badnam kar diya.

Ajay bawa

सज़ाएं आपकी

सज़ाएं आपकी, जफाएं आपकी,
मुझे जीने ना देंगी आज, जानेमन,
अदाएं आपकी, अदाएं आपकी।

तेरी इन शरबती आँखों में देखा वो नशा,
मुझे पी लेने दो प्यासा हूँ तेरे इश्क़ का,
कहाँ जाएं, कहाँ ढूँढे, दुआएँ आपकी, दुआएँ आपकी।

तुम्हारी सादगी पे हम सनम कुर्बान हैं,
तुम्हारे दिल में बस जाएं, यही अरमान हैं,

तू ही हमको बता कैसे करें हासिल,
वफाएं आपकी, वफाएं आपकी।

अजय बावा

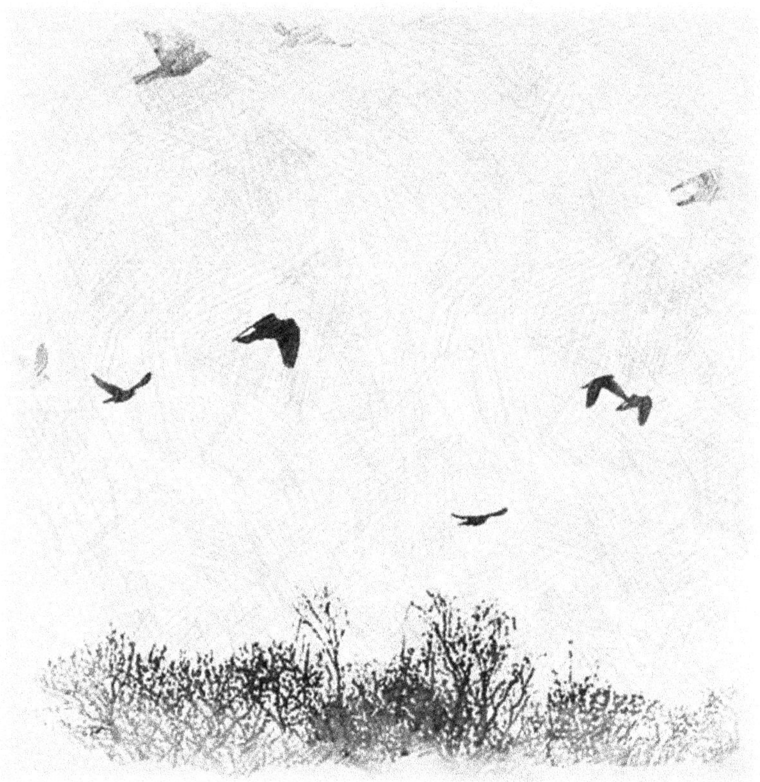

Disappearing birds.
Pic. by Parbodh Bawa.

Sajayen aapki..

Sajayen aapki, jafayen aapki,
mujhe Jine na dengi aaj ,
Jane man,
adayen aapki.Adayen aapki

Teri in sharbati aankhon mie dekha woh nasha,
mujhe pee lene do pyasa hun tere ishq ka,
kahan jayen ,kahan dhundhen,
Duayen aapki, Duayen aapki.

Tumhari sadgi pe hum sanam

kurban hen,
tumhare dil mien bas jayen ,
yehi armaan hen,
tuhi humko bata kaise kare
hasil, wafayen aapki,
wafayen aapki.

Ajay bawa

तेरी याद ने

तेरी याद ने रूला दिया,
तेरी याद ने रूला दिया,
क्यों इश्क़ में रूसवा किया,
जाने गये हो तुम कहाँ,
ना अता दिया ना पता दिया,
तेरी याद ने रूला दिया।

है वही हवा, वो ही फ़िज़ा,
वो ही चाँद है, वो ही आसमान,
तेरे बग़ैर तन्हा हैं, तेरे बग़ैर तन्हा हैं,
तन्हाई ने तरसा दिया।

आईने में ही खोट है,
कम्बख़्त है, मदहोश है,
हमको नज़र आए खुदा,
उनको कहाँ छिपा दिया।

दो पल गुज़ारे तेरे संग,
वो हसीन थे, पर थे वो कम,
वो क्या शबाबी वक़्त था,
क्यों वक़्त को रुकवा दिया।

तुम वक़्त के उस पार हो,
रुक जाओ आगे ना बढ़ो,
गर हम ना तुमसे आ मिले,
हम बेवफा हैं बेवफा।

करना हमारा इंतज़ार,
वादा हैं तुमसे मेरे यार,
जल्दी करेंगे मान लो,
जल्लाद से लिखवा लिया।

अजय बावा

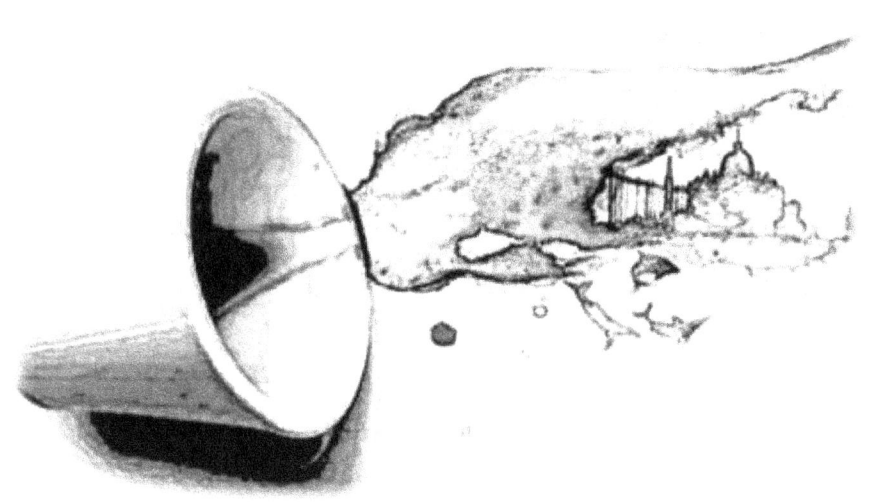

*My Granddaughter Ishika spilled tea.
Pic. by Ajay Bawa*

Teri yaad ne.

Teri yaad ne rula diya,
teri yaad ne rula diya,
kiyon ishq me rooswa kiya
Jane gaye ho tum kahan
Na ata diya na pata diya
teri yaad ne rula diya.

He wohi hawa ,wohi fiza,
wohi chand he, wohi aasman
tere bagair tanha hien ,
tere bagair tanha hien ,
tanhai ne tarsa diya.

Ayine mien hi khot hie,
kambakth hie ,madhosh hie,
humko nazar aye khuda,
unko kahan chhipa diya.

Do pal guzare tere sang,
woh hasin the, par the woh kum,
woh kiya shababi waqt tha,
kiyon waqt ko rukwa diya.

Tum waqt ke us par ho,
rook jao aage na badho,
gar hum na tumnse aa mile,
hum bewafa hien bewafa.
Karna hamara intezar,
wada hie tumse mere yaar,
Jaldi karenge maan lo,
zallad se likhwa liya.

Ajay bawa

तू वो चाहत है

तू वो चाहत है जिसे,
हर कोई तरसता है,
वो है गुलाब
हर बाग़ में महकता है।

तू ही वो चाँद,
मेरा जहाँ जिससे रोशन,
क्यों अंधेरों में,
ग़ैरों के तू चमकता है।

हमें डर नहीं,
तेरे इश्क़ में जल जाएं हम,
तू वो शमा है,
हर परवाना जिसमें जलता है।

तेरी अदा पे भला क्यों,
हम दीवाने हुए,
मैं अकेला हूँ या,
सारा जहाँ मरता है।

तेरे होठों से निकले बोल,
ग़ज़ल मेरी बने,
क्यों खुदा इसे,
अपनी दुआ समझता है।

अजय बावा

..tu woh chahat he..

Tu woh chahat he jise ,
her koi tarsta hie
woh hie gulab ,
her baag mien mahkata hie.

Tu hie woh chand ,
mera jahan jis se roshan,
kiyon andheron mien,
geron ke tu chamakta hie.

Humie dar nahin,
tere ishq mien jal jayen hum,
tu woh shama hie,

her parwana jismie jalta hie.

Teri ada pe bhala kiyon,
hum deewane hue,
mien akela hun ya ,
sara jahan marta hie.

Tere hathon se nikle bol ,
gazhal meri bane,
kiyon khuda ise ,
apni dua samjhta hie.

Ajay bawa

उनको खुश देखकर

उनको खुश देखकर,
फूलों ने हँसना सीखा,
वो जो हँस दे तो सितारों ने चमकना सीखा।

जुल्फ लहराईं तो मोजों ने भी अंगड़ाई ली,
तेरी सांसों से खुशबु ने महकना सीखा।

अपने आँचल को संभालो,
ना फिसल जाए कहीं,
होगी मुश्किल गर नियत ने बिगड़ना सीखा।

लग गई आग इस महफिल में तेरे आने से,
शमा जलने लगी परवानों ने जलना सीखा।

जब तेरे होंठ हिलें भंवरे गुनगुनाने लगे,
गीत ऐसा बना कि दुनिया ने सुनना सीखा।

अजय बावा

Pic by Ishika Bawa

Unko khush dekhkar..

Unko khush dekhkar ,
phoolon ne hansna sikha.
woh jo hans de toa sitaron ne chamkna sikha.

Julf lahrai toa mojon ne bhi
angdayi li,
teri sanson se khushboo ne mehkna sikha.

Apne aanchal ko sambhalo,
na fisal jaye kahin,
hogi mushkil gar niyat ne

bigdna sikha.

Lag gayi aag is mehfil mie tere aane se,
shama jalne lagi parwano ne jalna sikha.

Jab tere hoth hile bhanvre gungunane lage,
geet aisa bana ke duniya ne sunana sikha.

Ajay bawa

वक़्त चलता रहा

वक़्त चलता रहा और,
दूरियाँ भी बढ़ती गई,
ये क़दम बढ़ ना सके,
ज़िन्दगी निकलती गई।
वक़्त चलता रहा और...

इन बहारों से कहो लौट के वो ना आएं,
सूनी गलियाँ हैं यह, और वो यहाँ रहते नहीं,
वक़्त चलता रहा और......

दिल तो तोड़ा मेरा,
अंजाम भी देखा होता,
आईने टूट गये,
ज़िन्दगी बिखर सी गई,
वक़्त चलता रहा और...

मौत के इतने क़रीब और परेशान हैं हम,
ज़िंदा रहने की हमें आदत क्यों पड़ने लगी,
वक़्त चलता रहा और...

वक़्त चलता रहा और दूरियाँ भी बढ़ती गईं,
वक़्त चलता रहा और।

अजय बावा

Great cloud formation .

..waqt chalta reha ..

Waqt chalta raha aur,
dooriyan bhi badhti gayi,
ye kadam bhad na sake
zindgi nikalti gayi.
Waqt chalta raha aur...

In bharon se kaho laut ke woh na ayen,
sooni galiyan hien yeh,
aur woh yahan rehte nahin ,
waqt chalta reha aur...

Dil toa toda mera ,
anjam bhi dekha hota,
Aiyne toot gaye,
zindagi bhikhar si gayi.
Waqt chalta raha aur...

Maut he itne karib aur pareshan hien hum,
zinda rehne ki humen
aadten kiyon padne lagi.
Waqt chalta reha aur....

Waqt chalta reha aur
dooriyan bhi badhti gayin
Waqt chalta reha aur.

by Ajay Bawa.

याद तेरी क्यों

याद तेरी क्यों सताए,
तुमको भूल ना पाए,
सपनों में रोज़ तू,
क्यों चली आए तू,
सामने तू क्यों न आए,
तुमको भूल ना पाए...

१. आँखों ने जो जादू किया,
होंठों ने जो रंग दिया,
मीठी तेरी बातें, भोली तेरी अदाएँ,
कैसे भला हम, भूलाएँ
तुमको भूल ना पाए...

२. हमको कोई शिकवा नहीं,
हमसे कोई रूठा कहीं,
जिसको समझा अपना,
लगते हैं वो पराये।
तुमको भूल ना पाए....

३. मंज़िल हमसे छूट गई,
किस्मत हमसे रूठ गई,
हमने मिटाना चाहा,
फिर भी मिटा ना पाए,
हाथों की रेखाएँ।
याद तेरी क्यों सताए...

अजय बावा

Night in Dubai.
Pic. by Ajay Bawa.

Yaad teri kiyon.

Yaad teri kiyon sataye,
tumko bhul na paye.
Sapno mie roz tu,
kiyon chali aye tu,
samne tu kiyon na aye,
tumko bhul na paye..

Ankhon ne jo jadoo kiya,
hothon ne jo rang diya.
Meethi teri baten,
bholi teri adayen,
kaise bhla hum, bhulayen,
tumko bhul na paye..

Humko koi shikwa, nahin,
Humse koi rootha,kahin.
Jisko samjha apna,
lagte hien woh paraye.
Tumko bhul na paye..

Manzil humse ,chhoot gayi,
kismet humse, rooth gayi,
Humne mitana chaha,
phir bhi mita na paye,
hathon ki rekhayen.

Yaad teri kiyon sataye...

Ajay bawa

ज़िन्दगी यूँ ही

ज़िंदगी यूँ गुज़र जाती है,
ज़ख़्म गहरे ये छोड़ जाती है।

हर क़दम पे था किया,
हमने ऐतबार तेरा,
काश मिल जाता हमें,
सिर्फ इक प्यार तेरा,
बन के आँसू ये बिखर जाती है।
ज़िन्दगी यूँ ही गुज़र.....

दूरियाँ बढ़ती गईं,
उनको समझा ना सका,
वक़्त रुकता है नहीं,
फ़ासला बढ़ता गया,
सुबह जाती है शाम आती है।
ज़िन्दगी यूँ ही गुज़र जाती है।

अजय बावा

Zindagi yuhin..

Zindagi yuhin guzar jati hie,
zakham gehre ye chhod jati hie.

Har kadam pe tha kiya,
humne aitbar tera,
kash mil jata humie,
sirf eak pyar tera.
Banke aansoo ye bikhar jati hie.

Zindagi yunhi guzar ...

Dooriyan badhti gayin,
unko samjha na saka .
Waqt rookta hie nahin,
fasla badhta gaya.
Soobah jati hie sham aati hie.

zindagi yunhi guzar jati hie.

Ajay bawa

अब ना आएंगे वो

अब ना आएंगे वो,
हम उनको भूलाएं कैसे,
इस क़द्र रूठे हैं,
हम उनको मनाए कैसे।

क्यों हमसे वादा किया,
गर ना उनको आना था,
ये लम्बी रात है,
गुज़रे ना, गुज़ारे कैसे।

वो मेरे सामने बैठे,
तो पी लेते हैं,
वो ना आए तो,
भरा जाम उठाएं कैसे।

जान जाए ना हमारी,
ये कैसी मुश्किल है,
वे आ के हमको बता दें,
ये जाए कैसे।

अजय बावा

*Painting in cave, Valley of the Kings. Egypt.
Pic. by Ajay bawa.*

Aab na ayenge woh.

Aab na ayenge woh,
hum unko bulayen kaise.
Is kadar roothe hien,
hum unko manayen kaise.

Kiyon humse wada kiya ,
gar na unko aana tha.
Ye lambi raat hie ,
guzre na ,guzaren kaise.

Woh mere samne bethe,
toa pee lete hien.
Woh na aye toa ,

bhara jam uthayen kaise.

Jan jaye na humari,
ye kaisi mushkil he,
Woh aake humko bataden,
ye jaye kaise.

Ajay Bawa.

www.ingramcontent.com/pod-product-compliance
Lightning Source LLC
LaVergne TN
LVHW061528070526
838199LV00009B/423
9789358193619